Air Fryer Kochbuch für Einsteiger

Erstaunlich leckere und narrensichere Rezepte für Ihre Heißluftfritteuse

Lillian Henson

INHALTSVERZEICHNIS

EINLEITUNG

An Air Fryer ist kein Zauberer! Ja, sie liefert beständig ausgewogene, ölfreie knusprige Speisen, aber das ist alles der Wissenschaft und Technik zu verdanken. Machen Sie sich zunächst mit den Grundlagen einer Heißluftfritteuse vertraut! Sie serviert Ihnen zwar frittiertes, knuspriges Essen, aber sie frittiert es nicht direkt, sondern gart es über ein anderes Heizsystem. Es ist erwähnenswert, dass es mittlerweile eine Reihe von Air Fryer-Modellen gibt, die je nach Hersteller unterschiedliche Größen und Steuerungseinstellungen haben. In diesem Abschnitt sehen wir uns einige allgemeine Richtlinien an, die Ihnen helfen, alle Arten von Luftfritteusen einfach und bequem zu verwenden.

Wissen Sie, was ein Konvektionsofen ist oder ob Sie jemals einen benutzt haben? Eine Heißluftfritteuse hingegen funktioniert ähnlich, mit dem Unterschied, dass sie über einen effizienteren Konvektionsmechanismus verfügt, der heiße Luft mit einer viel schnelleren Geschwindigkeit durch die Lebensmittel bläst. Sie ist so konstruiert, dass die Lebensmittel in einer abgedichteten Kammer direkt unter dem Gebläse, nahe der oberen Heizeinheit, platziert werden können. Jede Air Fryer besteht aus den unten aufgeführten Hauptkomponenten, die zusammenarbeiten, um das Air Frying zu ermöglichen.

Betriebsfunktion

Timer-Taste: Bei Verwendung einiger Kochmodi können Sie die Zeiteinstellungen entsprechend den Anforderungen Ihres Rezepts anpassen. Sie müssen die Timer-Taste drücken und die Timer-Einstellungen durch Drehen des Bedienknopfes anpassen. Sie können die Zeiteinstellungen auch jederzeit während des Garvorgangs ändern.

Temp-Taste: Bei Verwendung einiger Kochmodi können Sie die Temperatureinstellungen entsprechend den Anforderungen Ihres Rezepts anpassen. Sie müssen die Temp-Taste drücken und die gewünschten Temperatureinstellungen durch Drehen des Drehknopfes vornehmen.

Verzögerungstimer: Mit dieser Funktion können Sie den Start des Garvorgangs nach Ihrem Zeitplan verzögern. Sie ermöglicht den Start des gewünschten Garprogramms nach den von Ihnen eingestellten Verzögerungszeiten.

Start-Taste: Mit dieser Taste starten Sie den gewünschten Garvorgang.

Taste Abbrechen: Mit dieser Taste können Sie den aktuellen Arbeitsgarzyklus abbrechen oder anhalten.

Warmhalten: Diese Funktion dient dazu, Ihre Speisen warm zu halten, bis Sie sie servieren. Um diese Funktion zu nutzen, wählen Sie die gewünschten Zeiteinstellungen durch Drehen des Bedienknopfes.

FRÜHSTÜCK

1. Hühnerhaschee

Zubereitungszeit: 5 Minuten

Kochzeit: 20 Minuten

Portionen: 3

Zutaten:

- 1 Esslöffel Wasser

- 1 grüne Paprika

- ½ Zwiebel

- Unzen Blumenkohl

- Hähnchenfilet, 7 Unzen

- 1 Esslöffel Sahne

- Esslöffel Butter

- Schwarzer Pfeffer nach Geschmack

Wegbeschreibung:

1. Beginnen Sie damit, Ihren Blumenkohl grob zu hacken, bevor Sie ihn in einen Mixer geben. Mixen Sie, bis Sie einen Blumenkohlreis erhalten.

2. Schneiden Sie Ihr Hähnchen in kleine Stücke, und holen Sie dann Ihre Hähnchenfilets heraus. Bestreuen Sie sie mit schwarzem Pfeffer.

3. Erhitzen Sie Ihre Fritteuse auf 380 und legen Sie dann Ihr Hähnchen in den Fritteusenkorb. Fügen Sie das Wasser und die Sahne hinzu und kochen Sie sechs Minuten lang

4. Reduzieren Sie die Hitze auf 360°, und würfeln Sie dann die grüne Paprika und die Zwiebel.

5. Fügen Sie dies zu Ihrem Blumenkohlreis hinzu und geben Sie dann die Butter hinzu. Mischen Sie alles gut und geben Sie es dann zu Ihrem Huhn. 8 Minuten lang kochen

6. Warm servieren.

Ernährung: Kalorien 261 Eiweiß 21 g Fett 16,8 g Kohlenhydrate 4,4 g

2. Eiweiß-Eierbecher

Zubereitungszeit: 10 Minuten

Kochzeit: 9 Minuten

Portionen: 2

Zutaten:

- 3 Eier, leicht verquirlt
- 4 Tomatenscheiben
- 4 Teelöffel Cheddar-Käse, geraspelt
- 2 Scheiben Speck, gekocht und zerbröselt
- Pfeffer
- Salz

Wegbeschreibung:

Besprühen Sie Silikonmuffinformen mit Kochspray.

Verquirlen Sie in einer kleinen Schüssel das Ei mit Pfeffer und Salz.

Heizen Sie die Fritteuse auf 350 F vor. Gießen Sie die Eier in die Silikonmuffinförmchen. Verteilen Sie Käse und Speck in den Förmchen. Jede Form mit einer Tomatenscheibe belegen und in den Frittierkorb legen. 9 Minuten backen. Servieren und genießen.

Ernährung: Kalorien 67 Fett 4 g Kohlenhydrate 1 g Zucker 0,7 g Eiweiß 5,1 g Cholesterin 125 mg

3. Kürbis-Pfannkuchen

Zubereitungszeit: 15 Minuten

Kochzeit: 12 Minuten

Portionen: 2

Zutaten:

- 1 Quadrat Blätterteig
- 3 Esslöffel Kürbisfüllung
- 1 kleines Ei, verquirlt

Wegbeschreibung:

1. Rollen Sie ein Quadrat aus Blätterteig aus und legen Sie es mit Kürbiskuchenfüllung aus, lassen Sie dabei etwa ¼-Zoll Platz um die Ränder. Schneiden Sie es in 8 gleich große quadratische Stücke und bestreichen Sie die Ränder mit verquirltem Ei.

2. Drücken Sie die "Power-Taste" des Air Fry-Ofens und drehen Sie das Rad, um den Modus "Air Fry" auszuwählen. Drücken Sie die "Time"-Taste und drehen Sie erneut das Rad, um die Garzeit auf 12 Minuten einzustellen. Drücken Sie nun die Temp-Taste und drehen Sie den Drehregler, um die Temperatur auf 355 Grad F einzustellen. Wenn das Gerät mit einem Piepton anzeigt, dass es vorgeheizt ist, öffnen Sie den Deckel. Ordnen Sie die Quadrate in einer gefetteten "Sheet Pan" an und schieben Sie sie in den Ofen. Warm servieren.

Ernährung: Kalorien 109 Gesamtfett 6,7 g Gesättigtes Fett 1,8 g Cholesterin 34 mg Natrium 87 mg Kohlenhydrate insgesamt 9,8 g Ballaststoffe 0,5 g Zucker 2,6 g Eiweiß 2,4 g

4. Shrimp Frittata

Zubereitungszeit: 10 Minuten

Kochzeit: 15 Minuten

Portionen: 2

Zutaten:

- 4 Eier
- ½ Teelöffel Basilikum, getrocknet
- Kochspray
- Salz und schwarzer Pfeffer nach Geschmack
- ½ Tasse Reis, gekocht
- ½ Tasse Garnelen, gekocht, geschält, entdarmt und gehackt
- ½ Tasse Babyspinat, gehackt
- ½ Tasse Monterey Jack-Käse, gerieben

Wegbeschreibung:

1. Mischen Sie in einer Schüssel die Eier mit Salz, Pfeffer und Basilikum und verquirlen Sie sie. Fetten Sie die Pfanne Ihrer Heißluftfritteuse mit Kochspray ein und geben Sie Reis, Garnelen und Spinat hinein. Fügen Sie die Eiermischung hinzu, streuen Sie den Käse darüber und garen Sie das Ganze in Ihrer Fritteuse bei 350 Grad F für 10 Minuten. Auf Tellern verteilen und zum Frühstück servieren. Guten Appetit!

Ernährung: Kalorien 162 Fett 6 Faser 5 Kohlenhydrate 8 Protein 4

5. Thunfisch-Sandwiches

Zubereitungszeit: 10 Minuten

Kochzeit: 5 Minuten

Portionen: 2

Zutaten:

- 16 Unzen Thunfisch in Dosen, abgetropft
- ¼ Tasse Mayonnaise
- 2 Esslöffel Senf
- 1 Esslöffel Zitronensaft
- 2 Frühlingszwiebeln, gehackt
- 3 englische Muffins, halbiert
- 3 Esslöffel Butter
- 6 Provolone-Käse

Wegbeschreibung:

1. In einer Schüssel Thunfisch mit Mayo, Zitronensaft, Senf und Frühlingszwiebeln mischen und verrühren. Muffinhälften mit der Butter einfetten, in die vorgeheizte Fritteuse legen und bei 350 Grad F 4

Minuten lang backen. Thunfischmischung auf den Muffinhälften verteilen, jeweils mit Provolone-Käse belegen, Sandwiches wieder in die Heißluftfritteuse geben und 4 Minuten backen, auf Teller verteilen und sofort zum Frühstück servieren. Guten Appetit!

Ernährung: Kalorien: 182 Fett: 4 Ballaststoffe: 7 Kohlenhydrate: 8 Eiweiß: 6

6. Shrimp-Sandwiches

Zubereitungszeit: 10 Minuten

Kochzeit: 5 Minuten

Portionen: 2

Zutaten:

- 1 und ¼ Tassen Cheddar, geraspelt
- 6 Unzen kleine Garnelen aus der Dose, abgetropft
- 3 Esslöffel Mayonnaise
- 2 Esslöffel grüne Zwiebeln, gehackt
- 4 Scheiben Vollkornbrot
- 2 Esslöffel Butter, weich

Wegbeschreibung:

1. In einer Schüssel Garnelen mit Käse, Frühlingszwiebeln und Mayo mischen und gut verrühren. Bestreichen Sie damit die Hälfte der Brotscheiben, legen Sie die anderen Brotscheiben darauf, halbieren Sie sie diagonal und bestreichen Sie sie mit Butter. Legen Sie die Sandwiches in Ihre Heißluftfritteuse und garen Sie sie bei 350 Grad F für 5 Minuten. Verteilen Sie die Krabben-Sandwiches auf Tellern und servieren Sie sie zum Frühstück. Guten Appetit!

Ernährung: Kalorien: 162 Fett: 3 Ballaststoffe: 7 Kohlenhydrate: 12 Eiweiß: 4

7. Huhn & Zucchini Omelett

Zubereitungszeit: 15 Minuten

Zubereitungszeit: 35 Minuten

Portionen: 2

Zutaten:

- 8 Eier
- ½ Tasse Milch
- Salz und gemahlener schwarzer Pfeffer, je nach Bedarf
- 1 Tasse gekochtes Hühnerfleisch, zerkleinert
- 1 Tasse Cheddar-Käse, zerkleinert
- ½ Tasse frischer Schnittlauch, gehackt
- ¾ Tasse Zucchini, zerkleinert

Wegbeschreibung:

1. Geben Sie die Eier, Milch, Salz und schwarzen Pfeffer in eine Schüssel und schlagen Sie sie gut. Fügen Sie die restlichen Zutaten hinzu und rühren Sie sie zusammen. Geben Sie die Mischung in eine gefettete Backform. Drücken Sie die "Power-Taste" des Air Fry Oven und drehen Sie das Rad, um den Modus "Air Bake" auszuwählen. Drücken Sie die "Time"-Taste und drehen Sie erneut den Drehknopf, um die Garzeit auf 35 Minuten einzustellen. Drücken Sie nun die Temp-Taste und drehen Sie den Drehregler, um die Temperatur auf 315 Grad F einzustellen. Wenn das Gerät mit einem Piepton anzeigt, dass es vorgeheizt ist, öffnen Sie den Deckel. Pfanne auf dem "Wire Rack"

anordnen und in den Ofen schieben. In gleich große Keile schneiden und heiß servieren.

Ernährung: Kalorien: 209 Gesamtfett: 13,3 g Gesättigtes Fett: 6,3 g Cholesterin: 258 mg Natrium: 252 mg Kohlenhydrate insgesamt: 2,3 g Ballaststoffe: 0,3 g Zucker: 1,8 g Eiweiß: 9,8 g

8. Zucchini Beignets

Zubereitungszeit: 15 Minuten

Kochzeit: 7 Minuten

Portionen: 2

Zutaten:

- 10½ oz. Zucchini, gerieben und ausgepresst
- 7 oz. Halloumi-Käse
- ¼ Tasse Allzweckmehl
- 2 Eier
- 1 Teelöffel frischer Dill, gehackt
- Salz und gemahlener schwarzer Pfeffer, je nach Bedarf

Wegbeschreibung:

1. In einer großen Schüssel und mischen Sie alle Zutaten zusammen.
2. Formen Sie aus der Masse einen kleinen Krapfen.
3. Drücken Sie die "Power-Taste" des Air Fry-Ofens und drehen Sie das Rad, um den Modus "Air Fry" auszuwählen.
4. Drücken Sie die Taste Time und drehen Sie erneut das Rad, um die Garzeit auf 7 Minuten einzustellen.
5. Drücken Sie nun die Temp-Taste und drehen Sie das Rad, um die Temperatur auf 355 Grad F einzustellen.
6. Drücken Sie zum Starten die Taste "Start/Pause".
7. Wenn das Gerät mit einem Piepton anzeigt, dass es vorgeheizt ist, öffnen Sie den Deckel.

8. Beignets in die gefettete "Sheet Pan" legen und in den Ofen schieben.
9. Warm servieren.

Ernährung: Kalorien: 253 Gesamtfett: 17,2 g Gesättigtes Fett: 11 g Cholesterin: 121 mg Natrium: 333 mg Kohlenhydrate insgesamt: 10 g Ballaststoffe: 1,1 g Zucker: 2,7 g Eiweiß: 15,2 g

9. Zwiebel-Omelette

Zubereitungszeit: 10 Minuten

Kochzeit: 15 Minuten

Portionen: 2

Zutaten:

- 4 Eier
- ¼ Teelöffel natriumarme Sojasauce
- Gemahlener schwarzer Pfeffer, nach Bedarf
- 1 Teelöffel Butter
- 1 mittelgroße gelbe Zwiebel, in Scheiben geschnitten
- ¼ Tasse Cheddar-Käse, gerieben

Wegbeschreibung:

1. In einer Pfanne die Butter bei mittlerer Hitze schmelzen und die Zwiebel darin ca. 8-10 Minuten kochen.
2. Vom Herd nehmen und zum leichten Abkühlen beiseite stellen.
3. In der Zwischenzeit in einer Schüssel die Eier, Sojasauce und schwarzen Pfeffer hinzufügen und gut verquirlen.
4. Fügen Sie die gekochte Zwiebel hinzu und rühren Sie vorsichtig, um sie zu kombinieren.
5. Geben Sie die Zucchinimischung in eine kleine Backform. Drücken Sie die "Power-Taste" des Air Fry-Ofens und drehen Sie das Rad, um den Modus "Air Fry" auszuwählen.

6. Drücken Sie die Taste Time und drehen Sie erneut das Rad, um die Garzeit auf 5 Minuten einzustellen.

7. Drücken Sie nun die Temp-Taste und drehen Sie das Rad, um die Temperatur auf 355 Grad F einzustellen.

8. Wenn das Gerät mit einem Piepton anzeigt, dass es vorgeheizt ist, öffnen Sie den Deckel.

9. Pfanne auf das "Wire Rack" stellen und in den Ofen schieben.

10. Das Omelett in 2 Portionen schneiden und heiß servieren.

Ernährung: Kalorien: 222 Gesamtfett: 15,4 g Gesättigtes Fett: 6,9 g Cholesterin: 347 mg Natrium: 264 mg Kohlenhydrate insgesamt: 6,1 g Ballaststoffe: 1,2 g Zucker: 3,1 g Eiweiß: 15,3 g

10. Frühstücks-Erbsen-Tortilla

Zubereitungszeit: 10 Minuten

Kochzeit: 7 Minuten

Portionen: 2

Zutaten:

- ½ Pfund Baby-Erbsen
- 4 Esslöffel Butter
- 1 und ½ Tasse Joghurt
- 8 Eier
- ½ Tasse Minze, gehackt
- Salz und schwarzer Pfeffer nach Geschmack

Wegbeschreibung:

1. Erhitzen Sie eine Pfanne, die zu Ihrer Heißluftfritteuse passt, mit der Butter bei mittlerer Hitze, geben Sie die Erbsen hinzu, rühren Sie um und kochen Sie sie ein paar Minuten lang.
2. In der Zwischenzeit in einer Schüssel die Hälfte des Joghurts mit Salz, Pfeffer, Eiern und Minze mischen und gut verquirlen.
3. Gießen Sie dies über die Erbsen, schwenken Sie sie, geben Sie sie in Ihre Heißluftfritteuse und garen Sie sie bei 350 Grad F für 7 Minuten.

4. Verteilen Sie den restlichen Joghurt über Ihre Tortilla, schneiden Sie sie in Scheiben und servieren Sie sie. Genießen Sie!

Ernährung: Kalorien: 192   Fett: 5   Ballaststoffe: 4 Kohlenhydrate: 8 Eiweiß: 7

GEMÜSE UND BEILAGEN

11. Oliven, grüne Bohnen und Speck

Zubereitungszeit: 5 Minuten

Kochzeit: 15 Minuten

Portionen: 4

Zutaten:

- ½ Pfund grüne Bohnen, geputzt und halbiert
- 1 Tasse schwarze Oliven, entkernt und halbiert
- ¼ Tasse Speck, gekocht und zerkrümelt
- 1 Esslöffel Olivenöl
- ¼ Tasse Tomatensauce

Wegbeschreibung:

1. Kombinieren Sie in einer Pfanne, die in die Fritteuse passt, alle Zutaten, schwenken Sie sie, stellen Sie die Pfanne in die Fritteuse und garen Sie sie bei 380 Grad F für 15 Minuten.

2. Auf Tellern verteilen und servieren.

Ernährung: Kalorien 160, Fett 4, Ballaststoffe 3, Kohlenhydrate 5, Eiweiß 4

12. Cajun-Oliven und Paprika

Zubereitungszeit: 4 Minuten

Kochzeit: 12 Minuten

Portionen: 4

Zutaten:

- 1 Esslöffel Olivenöl

- ½ Pfund gemischte Paprikaschoten, in Scheiben geschnitten

- 1 Tasse schwarze Oliven, entkernt und halbiert

- ½ Esslöffel Cajun-Gewürz

Wegbeschreibung:

1. Kombinieren Sie alle Zutaten in einer Pfanne, die in die Heißluftfritteuse passt.

2. Legen Sie `die Pfanne in Ihre Heißluftfritteuse und garen Sie sie bei 390 Grad F für 12 Minuten.

3. Verteilen Sie die Mischung auf Teller und servieren Sie sie.

Ernährung: Kalorien 151, Fett 3, Ballaststoffe 2, Kohlenhydrate 4, Eiweiß 5

13. Knackiger Grünkohl

Zubereitungszeit: 5 Minuten

Kochzeit: 8 Minuten

Zutaten:

- 4 Handvoll Grünkohl, gewaschen und ohne Stängel

- 1 Esslöffel Olivenöl

- Prise Meersalz

Wegbeschreibung:

1. Erhitzen Sie ihn zunächst auf 360 Grad, und kombinieren Sie dann die Zutaten miteinander, um sicherzustellen, dass der Grünkohl gleichmäßig bedeckt ist.

2. Legen Sie den Grünkohl in Ihre Fritteuse und kochen Sie ihn acht Minuten lang.

Ernährung: Kalorien: 121 Fett: 4 Kohlenhydrate: 5 Eiweiß: 8

14. Einfache Basilikum-Kartoffeln

Zubereitungszeit: 15 Minuten

Kochzeit: 40 Minuten

Zutaten:

- 18 Medium Kartoffeln

- 5 Esslöffel Olivenöl

- 4 Teelöffel Basilikum, getrocknet

- 1 ½ Teelöffel Knoblauchpulver

- Salz & Pfeffer nach Geschmack

- Unzen Butter

Wegbeschreibung:

1. Schalten Sie Ihre Heißluftfritteuse auf 390 ein.

2. Schneiden Sie die Kartoffeln der Länge nach durch und achten Sie darauf, sie dünn zu schneiden.

3. Bestreichen Sie die Kartoffeln leicht mit der Butter und dem Öl.

4. Fügen Sie Salz und Pfeffer hinzu und kochen Sie dann 40 Minuten lang.

Ernährung: Kalorien: 140 Fett: 5 Kohlenhydrate: 8 Eiweiß: 9

15. Süßkartoffel-Pommes frites

Zubereitungszeit: 10 Minuten

Kochzeit: 12-15 Minuten

Zutaten:

- 3 große Süßkartoffeln, geschält

- 1 Esslöffel Olivenöl

- Eine Prise Teelöffel Meersalz

Wegbeschreibung:

1. Schalten Sie Ihre Heißluftfritteuse auf 390 ein.

2. Beginnen Sie damit, Ihre Süßkartoffeln zu vierteln und sie der Länge nach zu Pommes zu schneiden.

3. Kombinieren Sie die ungekochten Pommes frites mit einem Esslöffel Meersalz und Olivenöl. Stellen Sie sicher, dass alle Pommes frites gut bedeckt sind.

4. Legen Sie die Süßkartoffelstücke in den Korb und kochen Sie sie 12 Minuten lang.

5. Kochen Sie zwei bis drei Minuten länger, wenn Sie es knuspriger haben möchten.

6. Nach Geschmack mehr Salz hinzufügen und nach dem Abkühlen servieren.

Ernährung: Kalorien: 150 Fett: 6 Kohlenhydrate: 8 Eiweiß: 9

16. Knusprig & Würzig Kraut

Zubereitungszeit: 5 Minuten

Kochzeit: 10 Minuten

Zutaten:

- 1/2 Kopf Weißkohl, gehackt & gewaschen
- 1 Esslöffel Kokosnussöl, geschmolzen
- ¼ Teelöffel Cayennepfeffer
- ¼ Teelöffel Chili-Pulver
- ¼ Teelöffel Knoblauchpulver

Wegbeschreibung:

1. Schalten Sie Ihre Heißluftfritteuse auf 390 ein.

2. Mischen Sie den Kohl, die Gewürze und das Kokosnussöl in einer Schüssel und achten Sie darauf, dass der Kohl gut bedeckt ist.

3. Legen Sie sie in die Fritteuse und garen Sie sie zehn Minuten lang.

Ernährung: Kalorien: 100 Fett: 2 Kohlenhydrate: 3 Eiweiß: 5

17. Rosmarin-Kartoffeln

Zubereitungszeit: 5 Minuten

Kochzeit: 12-15 Minuten

Zutaten:

- Drei große rote Kartoffeln, gewürfelt und ungeschält

- 1 Esslöffel Olivenöl

- Prise Meersalz

- ½ Teelöffel Rosmarin, getrocknet

Wegbeschreibung:

1. Beginnen Sie damit, Ihre Fritteuse auf 390 vorzuheizen.

2. Kombinieren Sie Ihre Kartoffeln mit Olivenöl, Salz und Rosmarin. Achten Sie darauf, dass die Kartoffeln gut bedeckt sind.

3. Garen Sie sie 12 Minuten lang, und prüfen Sie sie dann. Wenn Sie sie knuspriger haben möchten, können Sie sie weitere zwei bis drei Minuten kochen.

4. Sie können sie pur oder mit saurer Sahne servieren.

Ernährung: Kalorien: 150 Fett: 5 Kohlenhydrate: 9 Eiweiß: 9

18. Einfache Knoblauch-Kartoffeln

Zubereitungszeit: 10 Minuten

Kochzeit: 15 Minuten

Zutaten:

- 3 Backkartoffeln, groß
- 2 Esslöffel Olivenöl
- 2 Esslöffel Knoblauch, gehackt
- 1 Esslöffel Salz
- ½ Esslöffel Zwiebelpulver

Wegbeschreibung:

1. Schalten Sie Ihre Heißluftfritteuse auf 390 ein.
2. Stechen Sie Löcher in die Kartoffel und bestreuen Sie sie dann mit Öl und Salz.
3. Mischen Sie Ihr Knoblauch- und Zwiebelpulver zusammen und reiben Sie es dann gleichmäßig auf die Kartoffeln.
4. Legen Sie es in den Korb Ihrer Heißluftfritteuse und backen Sie es dann fünfunddreißig bis vierzig Minuten lang.

Ernährung: Kalorien: 160 Fett: 6 Kohlenhydrate: 9 Eiweiß: 9

19. Knuspriger Rosenkohl

Zubereitungszeit: 5 Minuten

Kochzeit: 10 Minuten

Portionen: 2

Zutaten:

- ½ Pfund Rosenkohl, halbiert
- ½ Esslöffel Öl
- ½ Esslöffel ungesalzene Butter, geschmolzen

Wegbeschreibung:

1. Sprossen mit Öl einreiben.
2. In den Frittierkorb legen.
3. Kochen Sie bei 400F für 10 Minuten. Nach der Hälfte der Zeit einmal umrühren.
4. Nehmen Sie den Fritteusenkorb heraus und beträufeln Sie ihn mit geschmolzener Butter.
5. Servieren.

Ernährung: Kalorien: 90 Fett: 6,1g Kohlenhydrate: 4g Eiweiß: 2,9g

20. Fladenbrot

Zubereitungszeit: 5 Minuten

Kochzeit: 7 Minuten

Portionen: 2

Zutaten:

- 1 Tasse geschredderter Mozzarella-Käse

- ¼ Tasse Mandelmehl

- 1 Unze Vollfett-Frischkäse, erweicht

Wegbeschreibung:

1. Mozzarella 30 Sekunden lang in der Mikrowelle schmelzen. Mandelmehl einrühren, bis es glatt ist.

2. Frischkäse hinzufügen. Weiter mischen, bis sich ein Teig bildet. Falls erforderlich, mit nassen Händen kneten.

3. Teilen Sie den Teig in zwei Stücke und rollen Sie ihn zwischen zwei Stücken Pergamentpapier auf ¼-Zoll-Dicke aus.

4. Bedecken Sie den Korb der Luftfritteuse mit Pergament und legen Sie die Fladenbrote in den Korb der Luftfritteuse. Arbeiten Sie bei Bedarf in Chargen.

5. Garen Sie bei 320 F für 7 Minuten. Nach der Hälfte der Zeit einmal wenden.

6. Servieren.

Ernährung: Kalorien: 296 Fett: 22,6g Kohlenhydrate: 3,3g Eiweiß: 16,3g

FLEISCH

21. Leichte Kräuter-Fleischbällchen

Zubereitungszeit: 10 Minuten

Garzeit: 12 bis 17 Minuten

Portionen: 24

Zutaten:

- 1 mittelgroße Zwiebel, gehackt

- 2 Knoblauchzehen, gehackt

- 1 Teelöffel Olivenöl

- 1 Scheibe natriumarmes Vollkornbrot, zerkrümelt

- 3 Esslöffel 1 Prozent Milch

- 1 Teelöffel getrockneter Majoran

- 1 Teelöffel getrocknetes Basilikum

- 1 Pfund 96 Prozent mageres Rinderhackfleisch

Wegbeschreibung:

1. Kombinieren Sie die Zwiebel, den Knoblauch und das Olivenöl in einer 6 x 2-Zoll-Pfanne. Braten Sie das Gemüse 2 bis 4 Minuten lang an der Luft, bis es knackig-zart ist.

2. Geben Sie das Gemüse in eine mittelgroße Schüssel und fügen Sie die Semmelbrösel, die Milch, den Majoran und das Basilikum hinzu. Gut mischen.

3. Fügen Sie das Rinderhackfleisch hinzu. Verarbeiten Sie die Mischung mit den Händen vorsichtig, aber gründlich, bis sie sich verbindet. Formen Sie die Fleischmischung zu etwa 24 (1-Zoll-) Frikadellen.

4. Backen Sie die Fleischbällchen schubweise im Frittierkorb für 12 bis 17 Minuten, oder bis sie 160°F auf einem Fleischthermometer erreichen. Sofort servieren.

Ernährung: Kalorien: 190 Fett: 6g Gesättigtes Fett: 2g Eiweiß: 25g Kohlenhydrate: 8g Natrium: 120mg Ballaststoffe: 1g; Zucker: 2g 1% DV Vitamin A 3% DV Vitamin C

22. Gefüllte Paprikaschoten mit braunem Reis und Rindfleisch

Zubereitungszeit: 10 Minuten

Garzeit: 11 bis 16 Minuten

Portionen: 4

Zutaten:

- 4 mittelgroße Paprikaschoten, beliebige Farben, gespült, Deckel entfernt
- 1 mittelgroße Zwiebel, gehackt
- ½ Tasse geriebene Karotte
- 2 Teelöffel Olivenöl
- 2 mittelgroße Beefsteak-Tomaten, gewürfelt
- 1 Tasse gekochter brauner Reis
- 1 Tasse gehacktes gekochtes natriumarmes Roastbeef (siehe Tipp)
- 1 Teelöffel getrockneter Majoran

Wegbeschreibung:

1. Entfernen Sie die Stiele von den Paprikaschoten und hacken Sie die Schoten.

2. Kombinieren Sie die gehackten Paprikaschoten, die Zwiebel, die Karotte und das Olivenöl in einer 6 x 2-Zoll-Pfanne. Kochen Sie das Gemüse 2 bis 4 Minuten lang oder bis es knackig-zart ist.

3. Geben Sie das Gemüse in eine mittelgroße Schüssel. Fügen Sie die Tomaten, den braunen Reis, das Roastbeef und den Majoran hinzu. Rühren Sie zum Mischen um.

4. Füllen Sie die Gemüsemischung in die Paprikaschoten. Legen Sie die Paprikaschoten in den Frittierkorb. Backen Sie die Paprika 11 bis 16 Minuten lang, oder bis die Paprika zart sind und die Füllung heiß ist. Sofort servieren.

Ernährung: Kalorien: 206 Fett: 6g Gesättigtes Fett: 1g Eiweiß: 18g Kohlenhydrate: 20g Natrium: 105mg Ballaststoffe: 3g Zucker: 5g

23. Rindfleisch und Brokkoli

Zubereitungszeit: 10 Minuten

Garzeit: 14 bis 18 Minuten

Portionen: 4

Zutaten:

- 2 Esslöffel Speisestärke

- ½ Tasse natriumarme Rinderbrühe

- 1 Teelöffel natriumarme Sojasauce

- 12 Unzen Sirloin Strip Steak, in 1-Zoll-Würfel geschnitten

- 2½ Tassen Brokkoli-Röschen

- 1 Zwiebel, gehackt

- 1 Tasse geschnittene Cremini-Pilze (siehe Tipp)

- 1 Esslöffel geriebener frischer Ingwer

- Brauner Reis, gekocht (optional)

Wegbeschreibung:

1. Rühren Sie in einer mittelgroßen Schüssel die Maisstärke, Rinderbrühe und Sojasauce zusammen.

2. Fügen Sie das Rindfleisch hinzu und schwenken Sie es, um es zu überziehen. 5 Minuten bei Raumtemperatur stehen lassen.

3. Überführen Sie das Rindfleisch mit einem Schaumlöffel aus der Brühe in eine mittlere Metallschüssel. Bewahren Sie die Brühe auf.

4. Fügen Sie den Brokkoli, die Zwiebel, die Pilze und den Ingwer zum Rindfleisch hinzu. Stellen Sie die Schüssel in die Fritteuse und garen Sie sie 12 bis 15 Minuten lang, oder bis das Rindfleisch mindestens 145°F auf einem Fleischthermometer erreicht und das Gemüse zart ist.

5. Fügen Sie die reservierte Brühe hinzu und kochen Sie weitere 2 bis 3 Minuten, oder bis die Sauce kocht.

6. Wenn gewünscht, sofort über heißem gekochten braunen Reis servieren.

Ernährung: Kalorien: 240 Fett: 6g Gesättigtes Fett: 2g Eiweiß: 19g Kohlenhydrate: 11g Natrium: 107mg Ballaststoffe: 2g Zucker: 3g

24. Rindfleisch und Früchte Stir-Fry

Zubereitungszeit: 15 Minuten

Zubereitungszeit: 6 bis 11 Minuten

Portionen: 4

Zutaten:

- 12 Unzen Sirloin Tip Steak, in dünne Scheiben geschnitten
- 1 Esslöffel frisch gepresster Limettensaft
- 1 Tasse Mandarinensegmente aus der Dose, abgetropft, Saft vorbehalten (siehe Tipp)
- 1 Tasse Ananasstücke aus der Dose, abgetropft, Saft vorbehalten (siehe Tipp)
- 1 Teelöffel natriumarme Sojasauce
- 1 Esslöffel Speisestärke
- 1 Teelöffel Olivenöl
- 2 Frühlingszwiebeln, weiße und grüne Teile, in Scheiben geschnitten
- Brauner Reis, gekocht (optional)

Wegbeschreibung:

1. Mischen Sie das Steak in einer mittelgroßen Schüssel mit dem Limettensaft. Beiseite stellen.

2. Mischen Sie in einer kleinen Schüssel 3 Esslöffel des reservierten Mandarinensafts, 3 Esslöffel des reservierten Ananassafts, die Sojasauce und die Speisestärke gründlich.

3. Lassen Sie das Rindfleisch abtropfen und geben Sie es in eine mittelgroße Metallschüssel und bewahren Sie den Saft auf. Rühren Sie den reservierten Saft in die Mandarinen-Ananassaft-Mischung. Beiseite stellen.

4. Geben Sie das Olivenöl und die Frühlingszwiebeln zum Steak. Setzen Sie die Metallschale in die Heißluftfritteuse und garen Sie das Steak 3 bis 4 Minuten oder bis es fast gar ist, wobei Sie den Korb während des Garens einmal schütteln.

5. Rühren Sie die Mandarinen, die Ananas und die Saftmischung ein. Weitere 3 bis 7 Minuten kochen, bis die Sauce sprudelt und das Rindfleisch zart ist und auf einem Fleischthermometer mindestens 145°F erreicht.

6. Umrühren und auf heißem gekochten braunen Reis servieren, falls gewünscht.

Ernährung: Kalorien: 212 Fett: 4g Gesättigtes Fett: 1g Eiweiß: 19g Kohlenhydrate: 28g Natrium: 105mg Ballaststoffe: 2g Zucker: 22g

25. Knoblauch-Schweinekoteletts

Zubereitungszeit: 10 Minuten

Kochzeit: 10 Minuten

Portionen: 4

Zutaten:

- Teelöffel Petersilie

- Teelöffel geriebene Knoblauchzehen

- 1 Esslöffel Kokosnussöl

- 1 Esslöffel Kokosnussbutter

- Schweinekoteletts

Wegbeschreibung:

1   Bereiten Sie die Zutaten vor. Stellen Sie sicher, dass Ihre Luftfritteuse auf 350 Grad vorgeheizt ist.

2   Mischen Sie Butter, Kokosnussöl und alle Gewürze zusammen. Reiben Sie dann die Gewürzmischung über alle Seiten der Schweinekoteletts. In Folie einpacken, verschließen und 1 Stunde lang kühlen.

3   Entfernen Sie die Schweinekoteletts aus der Folie und legen Sie sie in die Heißluftfritteuse.

4   Frittieren an der Luft. Stellen Sie die Temperatur auf 350°F und die Zeit auf 7 Minuten ein. Garen Sie 7 Minuten auf einer Seite und 8 Minuten auf der anderen Seite.

5 Mit Olivenöl beträufeln und zusammen mit einem grünen Salat servieren.

Ernährung: Kalorien: 526; Fett: 23g; Eiweiß:41g; Zucker:4g

26. Cajun-Schweinesteaks

Zubereitungszeit: 5 Minuten

Kochzeit: 20 Minuten

Portionen: 6

Zutaten:

- 4-6 Schweinesteaks
- BBQ-Sauce:
- Cajun-Würze
- 1 Esslöffel Essig
- 1 Teelöffel natriumarme Sojasauce
- ½ C. brauner Zucker

Wegbeschreibung:

1   Bereiten Sie die Zutaten vor. Stellen Sie sicher, dass Ihre Luftfritteuse auf 290 Grad vorgeheizt ist.

2   Schweinesteaks mit Cajun-Gewürz bestreuen.

3   Die restlichen Zutaten kombinieren und die Steaks damit bestreichen.   Beschichtete Steaks in die Heißluftfritteuse geben.

4   Frittieren an der Luft. Stellen Sie die Temperatur auf 290°F und die Zeit auf 20 Minuten ein. 15-20 Minuten garen, bis sie leicht gebräunt sind.

Ernährung: Kalorien: 209; Fett: 11g; Eiweiß: 28g; Zucker: 2g

27. Cajun süß-sauer gegrilltes Schweinefleisch

Zubereitungszeit: 5 Minuten

Kochzeit: 12 Minuten

Portionen: 3

Zutaten:

- ¼ Tasse brauner Zucker

- 1/4 Tasse Apfelessig

- 1 lb Schweinelende, in 1-Zoll-Würfel geschnitten

- Esslöffel Cajun-Gewürz

- Esslöffel brauner Zucker

Wegbeschreibung:

1 Bereiten Sie die Zutaten vor. Mischen Sie in einer flachen Schale Schweinelende, 3 Esslöffel braunen Zucker und Cajun-Gewürz. Gut durchmischen, um sie zu überziehen. 3 Stunden im Kühlschrank marinieren.

2 In einer mittelgroßen Schüssel gut mischen, braunen Zucker und Essig zum Übergießen.

3 Schweinefleischstücke auf Spieße stecken. Mit Sauce begießen und auf den Spießrost in der Heißluftfritteuse legen.

4 Frittieren an der Luft. 12 Minuten lang auf 360°F garen. Nach der Hälfte der Garzeit die Spieße wenden und

mit Sauce begießen. Falls erforderlich, in Chargen garen.

5   Servieren und genießen.

Ernährung: Kalorien: 428; Fett: 16,7g; Eiweiß: 39g; Zucker: 2g

28. Schweinslende mit Kartoffeln

Zubereitungszeit: 10 Minuten

Kochzeit: 25 Minuten

Portionen: 2

Zutaten:

- Pfund Schweinelende

- große rote Kartoffeln, gewürfelt

- ½ Teelöffel Knoblauchpulver

- ½ Teelöffel rote Paprikaflocken, zerstoßen

- Salz und schwarzer Pfeffer, nach Geschmack

Wegbeschreibung:

1   Geben Sie alle Zutaten außer der Glasur in eine große Schüssel und schwenken Sie sie, um sie gut zu überziehen. Heizen Sie die Fritteuse auf 325 Grad F vor. Legen Sie das Lendenstück in den Korb der Fritteuse.

2   Die Kartoffeln um das Schweinefilet herum anordnen.

3   Etwa 25 Minuten kochen.

Ernährung: Kalorien: 260 Fett: 8g Kohlenhydrate: 27g Eiweiß: 21g

29. Gebratener Char Siew (Schweineschnitzel)

Zubereitungszeit: 10 Minuten

Kochzeit: 25 Minuten

Portionen: 4

Zutaten:

- 1 Streifen Schweineschulter mit einer guten Menge Fettmarmorierung

- Marinade:

- 1 Teelöffel Sesamöl

- Esslöffel roher Honig

- 1 Teelöffel helle Sojasauce

- 1 Esslöffel Rosenwein

Wegbeschreibung:

1 Mischen Sie alle Zutaten für die Marinade zusammen und füllen Sie sie in einen Ziploc-Beutel. Legen Sie das Schweinefleisch in den Beutel und stellen Sie sicher, dass alle Teile des Schweinefleischstreifens von der Marinade umhüllt sind. 3-24 Stunden kühl stellen.

2 Nehmen Sie den Streifen 30 Minuten vor dem geplanten Garvorgang heraus und heizen Sie Ihre Heißluftfritteuse auf 350 Grad vor.

3   Folie auf kleine Pfanne legen und mit Olivenöl bepinseln. Marinierte Schweinefleischstreifen auf die vorbereitete Pfanne legen.

4   Stellen Sie die Temperatur auf 350°F und die Zeit auf 20 Minuten ein. 20 Minuten braten.

5   Alle 5-10 Minuten mit Marinade beträufeln.

6   Entfernen Sie den Streifen und lassen Sie ihn vor dem Schneiden einige Minuten abkühlen.

Ernährung: Kalorien: 289; Fett: 13g; Eiweiß: 33g; Zucker: 1g

30. Asiatisches Schweinekotelett

Zubereitungszeit: 2 Stunden und 10 Minuten

Kochzeit: 15 Minuten

Portionen: 2

Zutaten:

- 1/2 Tasse Hoisin-Sauce

- Esslöffel Apfelessig

- 1 Esslöffel asiatische süße Chilisauce

- (1/2-Zoll-dick) Schweinekoteletts ohne Knochen

- Salz und Pfeffer

Wegbeschreibung:

1 Rühren Sie Hoisin, Chilisauce und Essig in einer großen Schüssel zusammen. Trennen Sie eine Vierteltasse dieser Mischung ab, geben Sie dann die Schweinekoteletts in die Schüssel und lassen Sie sie 2 Stunden lang im Kühlschrank ruhen. Nehmen Sie die Schweinekoteletts heraus und legen Sie sie auf einen Teller. Bestreuen Sie jede Seite des Schweinekoteletts gleichmäßig mit Salz und Pfeffer.

2   Bei 360 Grad 14 Minuten lang garen, nach der Hälfte der Zeit wenden. Mit der reservierten Marinade bestreichen und servieren.

Ernährung: Kalorien: 338; Fett: 21g; Eiweiß: 19g; Ballaststoffe: 1g

FISCH UND MEERESFRÜCHTE

31. Süß-saure Garnele

Zubereitungszeit: 5 Minuten

Kochzeit: 5 Minuten

Portionen: 3

Zutaten:

- 1 Pfund Garnelen, geschält und entdarmt

- 1/2 Tasse süß-saure Soße

Wegbeschreibung:

1. Kombinieren Sie die Shrimps und die süß-saure Soße in einer Schüssel

2. Dann auf das Fritteusenblech verteilen und in die Fritteuse geben

3. 5 Minuten bei 400 Grad kochen und servieren

Ernährung: Kalorien: 226 kcal Eiweiß: 32,65 g Fett: 2,8 g Kohlenhydrate: 17.84 g

32. Fischfrikadellen

Zubereitungszeit: 15 Minuten

Kochzeit: 12 Minuten

Portionen: 3

Zutaten:

- Antihaft-Kochspray

- 10 Unzen fein gehackter Weißfisch

- ⅔ Tasse Vollkorn-Panko-Paniermehl

- 3 Teelöffel fein gehackter frischer Koriander

- 2 Teelöffel süße Thai-Chili-Sauce

- 2 Teelöffel Canola-Mayonnaise

- 1 großes Ei

- ⅛ Teelöffel Salz

- ¼ Teelöffel gemahlener Pfeffer

- 2 Limettenspalten

Wegbeschreibung:

1. Ölen Sie den Korb der Luftfritteuse mit Kochspray ein

2. Ei, Chilisauce, Fisch, Panko, Koriander, Mayonnaise, Salz und Pfeffer in einer Schüssel vermengen

3. Formen Sie die Masse zu einem 3-Zoll großen Kuchen

4. Sprühen Sie den Kuchen mit Kochspray ein und legen Sie ihn in den Korb der Heißluftfritteuse

5. Bei 380 Grad etwa 12 Minuten kochen oder bis die Kuchen braun sind und die Innentemperatur 140 Grad beträgt.

6. Mit Limettenspalten servieren und genießen

Ernährung: Kalorien: 196 kcal Eiweiß: 21,04 g Fett: 7,07 g Kohlenhydrate: 12.21 g

33. Kabeljau

Zubereitungszeit: 15 Minuten

Kochzeit: 11 Minuten

Portionen: 4

Zutaten:

- 1 Pfund Kabeljau
- 1 Ei
- 1/2 Teelöffel Salz
- 1/8 Teelöffel schwarzer Pfeffer
- 1/2 Tasse Allzweckmehl
- 1 1/2 Tassen Panko-Paniermehl oder normales Paniermehl
- 2 Teelöffel Taco-Gewürz (optional)
- 1 Teelöffel italienisches Gewürz oder altes Lorbeergewürz

Wegbeschreibung:

1. Heizen Sie Ihre Heißluftfritteuse auf 400 F vor
2. Den Kabeljau trocken tupfen, auf ein Schneidebrett legen und beiseite stellen
3. Verquirlen Sie das Ei in einer Schüssel.
4. Mehl in eine andere Schüssel schütten

5. Dann Panko-Paniermehl, Pfeffer, Salz und Taco-Gewürz in die dritte Schüssel geben und gut vermischen.

6. Tauchen Sie den Kabeljau in das Ei und befeuchten Sie die 2 Seiten, und geben Sie ihn in die Schüssel mit Mehl und drücken Sie ihn auf beiden Seiten in das Mehl.

7. Dann den Kabeljau zum Panko-Paniermehl bewegen und beide Seiten in das Paniermehl drücken.

8. Besprühen Sie die Luftfritteuse mit Antihaft-Spray. Geben Sie den Kabeljau schubweise in die Fritteuse und garen Sie ihn bei 400°f für 11 Minuten, drehen Sie ihn nach der Hälfte der Zeit vorsichtig um.

Ernährung: Kalorien: 264 kcal Eiweiß: 30,37 g Fett: 9 g Kohlenhydrate: 14.93 g

34. Gebratener Tilapia

Zubereitungszeit: 15 Minuten

Kochzeit: 7 Minuten

Portionen: 2

Zutaten:

- Tilapia-Filets

- Leichter Spritzer Rapsöl aus einer Ölspritze

- Old Bay Gewürz

- Zitronenpfeffer

- Salz

- Molly McButter oder Butterknospen

Wegbeschreibung:

1. Filets auftauen, falls gefroren, dann Frittierkorb mit Kochspray besprühen.

2. Filets in den Korb legen und mit den Gewürzen abschmecken. Wenig Öl aufsprühen.

3. Stellen Sie die Heißluftfritteuse für 7 Minuten auf 400 Grad ein. Prüfen Sie nach dem Erlöschen des Timers, ob der Fisch gar ist; er sollte sich mit einer Gabel leicht lösen lassen.

4. Servieren und mit Ihrem Lieblingsgemüse genießen.

Ernährung: Kalorien: 106 kcal Eiweiß: 15,3 g Fett: 4,06 g Kohlenhydrate: 2.13 g

35. Kabeljau-Nuggets

Zubereitungszeit: 20 Minuten

Kochzeit: 15 Minuten

Portionen: 5

Zutaten:

- Für den panierten Kabeljau:
- 1 1/2 Pfund Kabeljaufilets, in etwa 8 Stücke geschnitten
- Salz und Pfeffer zum Würzen
- 1/2 Tasse Mehl
- 1 Esslöffel Ei + 1 Esslöffel Wasser
- 1/2 Tasse Cracker-Krümel oder Cornflake-Krümel
- 1 Teelöffel Pflanzenöl
- Für die Zitronen-Honig-Tartar-Soße:
- 1/2 Tasse fettarme oder fettfreie Mayonnaise
- 1 Teelöffel Honig
- Schale einer halben Zitrone, fein gehackt
- Saft einer halben Zitrone
- 1/2 Teelöffel Worcestershire-Sauce
- 1 Esslöffel süßes Gurkenrelish
- Prise schwarzer Pfeffer

Wegbeschreibung:

1. Zerkleinern Sie Cracker oder Cornflakes in einer Küchenmaschine zu feinen Krümeln, etwa eine Tasse. Geben Sie 1 Esslöffel Pflanzenöl in die Krümel.

2. Würzen Sie die Kabeljau-Stücke mit Pfeffer und Salz und tauchen Sie sie dann in das Mehl.

3. Danach in die Eimasse und schließlich in die Crackerbrösel tauchen. Drücken Sie die Krümel auf alle Oberflächen, um alle Seiten zu mischen.

4. Luftfritteuse auf 180 Grad C vorheizen.

5. Legen Sie die Hälfte der Kabeljau-Nuggets in den Korb und verwenden Sie den Rost, um die Hälfte auf der oberen Ebene zu garen.

6. Stellen Sie die Luftfritteuse auf 15 Minuten ein.

7. Aus dem Korb nehmen und servieren.

8. So bereiten Sie die Honig-Zitronen-Tartar-Soße zu:

9. Mischen Sie alle Zutaten zusammen und stellen Sie sie bis zum Servieren in den Kühlschrank, damit sich die Aromen vermischen können.

Ernährung: Kalorien: 221 kcal Eiweiß: 27,32 g Fett: 5,78 g Kohlenhydrate: 13.68 g

36. Cajun-Garnele aus der Fritteuse

Zubereitungszeit: 5 Minuten

Kochzeit: 6 Minuten

Portionen: 2

Zutaten:

1. 12 Unzen ungekochte mittlere Garnelen, geschält und entdarmt

2. 1 Teelöffel Cayennepfeffer

3. 1 Teelöffel Old Bay Gewürz

4. ½ Teelöffel geräucherter Paprika

5. 2 Esslöffel Olivenöl

6. 1 Teelöffel Salz

Wegbeschreibung:

1. Die Innsky Luftfritteuse auf 390°F vorheizen.

2. Vermengen Sie in der Zwischenzeit in einer mittelgroßen Schüssel die Garnelen, Cayennepfeffer, Old Bay, Paprika, Olivenöl und Salz. Schwenken Sie die Garnelen im Öl und den Gewürzen, bis die Garnelen gründlich mit beidem bedeckt sind.

3. Legen Sie die Garnelen in den Korb der Luftfritteuse. Stellen Sie den Timer ein und dämpfen Sie für 3 Minuten. Nehmen Sie den Einschub heraus und schütteln Sie ihn, damit sich die Garnelen im Korb neu

verteilen und gleichmäßig garen. Stellen Sie den Timer wieder ein und dämpfen Sie weitere 3 Minuten. Prüfen Sie, ob die Garnelen gar sind. Wenn sie durchgegart sind, ist das Fruchtfleisch undurchsichtig. Fügen Sie bei Bedarf weitere Zeit hinzu. Anrichten, servieren und genießen!

Ernährung: Kalorien: 286 Fett: 16g Gesättigtes Fett: 2g Kohlenhydrate: 1g Ballaststoffe: 0g Zucker: 0g Eiweiß: 37g Eisen: 6mg Natrium: 1868mg

37. Gegrillter Lachs

Zubereitungszeit: 5 Minuten

Kochzeit: 10 Minuten

Portionen: 3

Zutaten:

- 2 Lachsfilets
- 1/2 Teelöffel Zitronenpfeffer
- 1/2 Teelöffel Knoblauchpulver
- Salz und Pfeffer
- 1/3 Tasse Sojasoße
- 1/3 Tasse Zucker
- 1 Esslöffel Olivenöl

Wegbeschreibung:

1. Würzen Sie die Lachsfilets mit Zitronenpfeffer, Knoblauchpulver und Salz. Geben Sie eine dritte Tasse Wasser in eine flache Schüssel und vermengen Sie Olivenöl, Sojasauce und Zucker. Lachs in die Schüssel legen und in die Sauce eintauchen. Mit Frischhaltefolie abdecken und im Kühlschrank mindestens eine Stunde lang marinieren lassen

2. Die Innsky-Luftfritteuse auf 350 Grad vorheizen.

3. Legen Sie den Lachs in die Heißluftfritteuse und garen Sie ihn mindestens 10 Minuten, bis der Fisch zart ist. Mit Zitronenspalten servieren

Ernährung: Kalorien: 185 kcal Eiweiß: 5,16 g Fett: 11,74 g Kohlenhydrate: 16.06 g

38. Knusprige Paprika-Fischfilets

Zubereitungszeit: 5 Minuten

Kochzeit: 15 Minuten

Portionen: 4

Zutaten:

- 1/2 Tasse gewürztes Paniermehl
- 1 Esslöffel Balsamico-Essig
- 1/2 Teelöffel Gewürzsalz
- 1 Teelöffel Paprika
- 1/2 Teelöffel gemahlener schwarzer Pfeffer
- 1 Teelöffel Selleriesamen
- 2 Fischfilets, halbiert
- 1 Ei, verquirlt

Wegbeschreibung:

1. Geben Sie die Semmelbrösel, Essig, Salz, Paprika, gemahlenen schwarzen Pfeffer und Selleriesamen in Ihre Küchenmaschine. Verarbeiten Sie sie etwa 30 Sekunden lang.

2. Bestreichen Sie die Fischfilets mit dem verquirlten Ei und bestreichen Sie sie anschließend mit der Paniermehlmischung.

3. Kochen Sie bei 350 Grad F für etwa 15 Minuten.

Ernährung: Kalorien: 208 kcal Eiweiß: 15,19 g Fett: 9,44 g Kohlenhydrate: 11.61 g

39. Shrimps mit Speck umwickelt

Zubereitungszeit: 5 Minuten

Kochzeit: 5 Minuten

Portionen: 4

Zutaten:

- 1¼ Pfund Tigergarnele, geschält und entdarmt
- 1 Pfund Speck

Wegbeschreibung:

1. Umwickeln Sie jede Garnele mit einer Scheibe Speck.

2. Für etwa 20 Minuten in den Kühlschrank stellen. Die Innsky-Luftfritteuse auf 390 Grad F vorheizen.

3. Legen Sie die Garnelen in den Korb der Airfryer. Garen Sie sie ca. 5-7 Minuten.

Ernährung: Kalorien: 514 kcal Eiweiß: 42,66 g Fett: 36,92 g Kohlenhydrate: 7.17 g

40. Jakobsmuscheln im Speckmantel

Zubereitungszeit: 5 Minuten

Kochzeit: 10 Minuten

Portionen: 4

Zutaten:

- 16 Jakobsmuscheln

- 8 Scheiben Speck, halbiert

- 8 Zahnstocher

- Salz

- Frisch gemahlener schwarzer Pfeffer

Wegbeschreibung:

1. Tupfen Sie die Jakobsmuscheln mit einem Papiertuch trocken.

2. Umwickeln Sie jede Jakobsmuschel mit einer halben Scheibe Speck. Sichern Sie den Speck mit einem Zahnstocher.

3. Legen Sie die Jakobsmuscheln in einer einzigen Schicht in die Heißluftfritteuse. (Möglicherweise müssen Sie Ihre Jakobsmuscheln in mehr als einer Charge garen.)

4. Besprühen Sie die Jakobsmuscheln mit Olivenöl, und würzen Sie sie mit Salz und Pfeffer.

5. Stellen Sie die Temperatur Ihres Innsky AF auf 370°F ein. Stellen Sie den Timer ein und braten Sie für 5 Minuten.

6. Drehen Sie die Jakobsmuscheln um.

7. Setzen Sie den Timer zurück und garen Sie die Jakobsmuscheln weitere 5 Minuten.

8. Nehmen Sie die Jakobsmuscheln mit einer Zange aus dem Frittierkorb. Anrichten, servieren und genießen!

Ernährung: Kalorien: 311 Fett: 17g Gesättigtes Fett: 5g Kohlenhydrate: 3g Ballaststoffe: 0g Zucker: 0g Eiweiß: 34g Natrium: 1110mg

SNACKS UND NACHSPEISE

41. Sonnenblumenkernbrot

Zubereitungszeit: 15 Minuten

Kochzeit: 18 Minuten

Portionen: 6

Zutaten:

- 2/3 Tasse Weizenvollkornmehl
- 2/3 Tasse glattes Mehl
- 1/3 Tasse Sonnenblumenkerne
- ½ Päckchen Instant-Hefe
- 1 Teelöffel Salz
- 2/3-1 Tasse lauwarmes Wasser

Wegbeschreibung:

1. Mischen Sie in einer Schüssel die Mehle, Sonnenblumenkerne, Hefe und Salz zusammen.

2. Langsam das Wasser unter ständigem Rühren hinzugeben, bis sich eine weiche Teigkugel bildet.

3. Nun den Teig auf eine leicht bemehlte Fläche geben und mit den Händen ca. 5 Minuten kneten.

4. Aus dem Teig eine Kugel formen und in eine Schüssel geben.

5. Decken Sie die Schüssel mit einer Plastikfolie ab und stellen Sie sie für ca. 30 Minuten an einen warmen Ort

6. Fetten Sie eine Kuchenform ein.

7. Bestreichen Sie die Oberseite des Teigs mit Wasser und legen Sie ihn in die vorbereitete Kuchenform.

8. Drücken Sie die "Power-Taste" des Air Fry-Ofens und drehen Sie das Rad, um den Modus "Air Crisp" auszuwählen.

9. Drücken Sie die Taste Time und drehen Sie erneut den Drehknopf, um die Garzeit auf 18 Minuten einzustellen

10. Drücken Sie nun die Temp-Taste und drehen Sie das Rad, um die Temperatur auf 390 Grad F einzustellen.

11. Drücken Sie zum Starten die Taste "Start/Pause".

12. Wenn das Gerät mit einem Piepton anzeigt, dass es vorgeheizt ist, öffnen Sie den Deckel.

13. Legen Sie die Pfanne in den "Air Fry Basket" und schieben Sie sie in den Ofen.

14. Stellen Sie die Pfanne zum Abkühlen für etwa 10 Minuten auf ein Gitterrost

15. Stürzen Sie das Brot vorsichtig auf ein Drahtgitter, um es vor dem Schneiden vollständig abzukühlen.

16. Schneiden Sie das Brot in beliebig große Scheiben und servieren Sie es.

Ernährung: Kalorien 132 Fett 1,7 g Kohlenhydrate 24,4 g Eiweiß 4,9 g

42. Datum Brot

Zubereitungszeit: 15 Minuten

Kochzeit: 22 Minuten

Portionen: 10

Zutaten:

- 2½ Tassen Datteln, entsteint und gehackt
- ¼ Tasse Butter
- 1 Tasse heißes Wasser
- 1½ Tassen Mehl
- ½ Tasse brauner Zucker
- 1 Teelöffel Backpulver
- 1 Teelöffel Backpulver
- ½ Teelöffel Salz
- 1 Ei

Wegbeschreibung:

1. Geben Sie die Datteln und die Butter in eine große Schüssel und gießen Sie das heiße Wasser darüber.

2. Für ca. 5 Minuten beiseite stellen

3. Mischen Sie in einer anderen Schüssel das Mehl, den braunen Zucker, das Backpulver, das Natron und das Salz.

4. In der gleichen Schüssel mit Datteln, Mehlmischung und Ei gut vermischen.

5. Fetten Sie eine Backform ein.

6. Geben Sie die Mischung in die vorbereitete Form.

7. Drücken Sie die "Power-Taste" des Air Fry-Ofens und drehen Sie das Rad, um den Modus "Air Crisp" auszuwählen.

8. Drücken Sie die Taste Time und drehen Sie erneut den Drehknopf, um die Garzeit auf 22 Minuten einzustellen

9. Drücken Sie nun die Temp-Taste und drehen Sie das Rad, um die Temperatur auf 340 Grad F einzustellen.

10. Drücken Sie zum Starten die Taste "Start/Pause".

11. Wenn das Gerät mit einem Piepton anzeigt, dass es vorgeheizt ist, öffnen Sie den Deckel.

12. Legen Sie die Pfanne in den "Air Fry Basket" und schieben Sie sie in den Ofen.

13. Stellen Sie die Pfanne zum Abkühlen für etwa 10 Minuten auf ein Gitterrost

14. Stürzen Sie das Brot vorsichtig auf ein Drahtgitter, um es vor dem Schneiden vollständig abzukühlen.

15. Schneiden Sie das Brot in beliebig große Scheiben und servieren Sie es.

Ernährung: Kalorien 269 Fett 5,4 g Kohlenhydrate 55,1 g Eiweiß 3,6 g

43. Dattel-Walnuss-Brot

Zubereitungszeit: 15 Minuten

Zubereitungszeit: 35 Minuten

Portionen: 5

Zutaten:

- 1 Tasse Datteln, entsteint und in Scheiben geschnitten
- ¾ Tasse Walnüsse, gehackt
- 1 Esslöffel Instant-Kaffeepulver
- 1 Esslöffel heißes Wasser
- 1¼ Tassen normales Mehl
- ¼ Teelöffel Salz
- ½ Teelöffel Backpulver
- ½ Teelöffel Backpulver
- ½ Tasse Kondensmilch
- ½ Tasse Butter, erweicht
- ½ Teelöffel Vanille-Essenz

Wegbeschreibung:

1. Geben Sie die Datteln und die Butter in eine große Schüssel und gießen Sie das heiße Wasser darüber.
2. Für etwa 30 Minuten beiseite stellen
3. Gut abtrocknen und beiseite stellen.

4. Geben Sie das Kaffeepulver und das heiße Wasser in eine kleine Schüssel und mischen Sie es gut.

5. Mischen Sie in einer großen Schüssel das Mehl, Backpulver, Natron und Salz zusammen.

6. Geben Sie in einer anderen großen Schüssel die Kondensmilch und die Butter hinzu und schlagen Sie sie glatt.

7. Fügen Sie die Mehlmischung, die Kaffeemischung und die Vanilleessenz hinzu und mischen Sie, bis alles gut vermischt ist.

8. Datteln und ½ Tasse Walnüsse unterheben.

9. Legen Sie eine Backform mit einem leicht gefetteten Pergamentpapier aus.

10. Geben Sie die Mischung in die vorbereitete Form und bestreuen Sie sie mit den restlichen Walnüssen.

11. Drücken Sie die "Power-Taste" des Air Fry-Ofens und drehen Sie das Rad, um den Modus "Air Crisp" auszuwählen.

12. Drücken Sie die Taste Time und drehen Sie erneut den Drehknopf, um die Garzeit auf 35 Minuten einzustellen

13. Drücken Sie nun die Temp-Taste und drehen Sie das Rad, um die Temperatur auf 320 Grad F einzustellen.

14. Drücken Sie zum Starten die Taste "Start/Pause".

15. Wenn das Gerät mit einem Piepton anzeigt, dass es vorgeheizt ist, öffnen Sie den Deckel.

16. Legen Sie die Pfanne in den "Air Fry Basket" und schieben Sie sie in den Ofen.

17. Stellen Sie die Pfanne zum Abkühlen für etwa 10 Minuten auf ein Gitterrost

18. Stürzen Sie das Brot vorsichtig auf ein Drahtgitter, um es vor dem Schneiden vollständig abzukühlen.

19. Schneiden Sie das Brot in beliebig große Scheiben und servieren Sie es.

Ernährung: Kalorien 593 Fett 32,6 g Kohlenhydrate 69,4 g Eiweiß 11,2 g

44. Brauner Zucker Bananenbrot

Zubereitungszeit: 15 Minuten

Kochzeit: 30 Minuten

Portionen: 4

Zutaten:

- 1 Ei

- 1 reife Banane, geschält und püriert

- ¼ Tasse Milch

- 2 Esslöffel Rapsöl

- 2 Esslöffel brauner Zucker

- ¾ Tasse glattes Mehl

- ½ Teelöffel Backpulver

Wegbeschreibung:

1. Legen Sie eine sehr kleine Backform mit einem gefetteten Pergamentpapier aus.

2. Geben Sie das Ei und die Banane in eine kleine Schüssel und schlagen Sie sie gut.

3. Fügen Sie die Milch, das Öl und den Zucker hinzu und schlagen Sie, bis alles gut vermischt ist.

4. Fügen Sie das Mehl und das Backpulver hinzu und mischen Sie, bis es sich gerade verbunden hat.

5. Geben Sie die Mischung in die vorbereitete Form.

6. Drücken Sie die "Power-Taste" des Air Fry-Ofens und drehen Sie das Rad, um den Modus "Air Crisp" auszuwählen.

7. Drücken Sie die Taste Time und drehen Sie erneut das Rad, um die Garzeit auf 30 Minuten einzustellen

8. Drücken Sie nun die Temp-Taste und drehen Sie das Rad, um die Temperatur auf 320 Grad F einzustellen.

9. Drücken Sie zum Starten die Taste "Start/Pause".

10. Wenn das Gerät mit einem Piepton anzeigt, dass es vorgeheizt ist, öffnen Sie den Deckel.

11. Legen Sie die Pfanne in den "Air Fry Basket" und schieben Sie sie in den Ofen.

12. Stellen Sie die Pfanne zum Abkühlen für etwa 10 Minuten auf ein Gitterrost

13. Stürzen Sie das Brot vorsichtig auf ein Drahtgitter, um es vor dem Schneiden vollständig abzukühlen.

14. Schneiden Sie das Brot in beliebig große Scheiben und servieren Sie es.

Ernährung: Kalorien 214 Fett 8,7 g Kohlenhydrate 29,9 g Eiweiß 4,6 g

45. Zimt-Bananenbrot

Zubereitungszeit: 15 Minuten

Kochzeit: 20 Minuten

Portionen: 8

Zutaten:

- 1 1/3 Tassen Mehl

- 2/3 Tasse Zucker

- 1 Teelöffel Backpulver

- 1 Teelöffel Backpulver

- 1 Teelöffel gemahlener Zimt

- 1 Teelöffel Salz

- ½ Tasse Milch

- ½ Tasse Olivenöl

- 3 Bananen, geschält und in Scheiben geschnitten

Wegbeschreibung:

1. Geben Sie alle Zutaten in die Schüssel eines Standmixers und mischen Sie sie gut.

2. Fetten Sie eine Brotbackform ein.

3. Geben Sie die Mischung in die vorbereitete Form.

4. Drücken Sie die "Power-Taste" des Air Fry-Ofens und drehen Sie das Rad, um den Modus "Air Crisp" auszuwählen.

5. Drücken Sie die Taste Time und drehen Sie erneut das Rad, um die Garzeit auf 20 Minuten einzustellen

6. Drücken Sie nun die Temp-Taste und drehen Sie das Rad, um die Temperatur auf 330 Grad F einzustellen.

7. Drücken Sie zum Starten die Taste "Start/Pause".

8. Wenn das Gerät mit einem Piepton anzeigt, dass es vorgeheizt ist, öffnen Sie den Deckel.

9. Legen Sie die Pfanne in den "Air Fry Basket" und schieben Sie sie in den Ofen.

10. Stellen Sie die Pfanne zum Abkühlen für etwa 10 Minuten auf ein Gitterrost

11. Stürzen Sie das Brot vorsichtig auf ein Drahtgitter, um es vor dem Schneiden vollständig abzukühlen.

12. Schneiden Sie das Brot in beliebig große Scheiben und servieren Sie es.

Ernährung: Kalorien 295 Fett 13,3 g Kohlenhydrate 44 g Eiweiß 3,1 g

46. Bananen-Walnuss-Brot

Zubereitungszeit: 15 Minuten

Kochzeit: 25 Minuten

Portionen: 10

Zutaten:

- 1½ Tassen selbstfließendes Mehl

- ¼ Teelöffel Natriumbikarbonat

- 5 Esslöffel plus 1 Teelöffel Butter

- 2/3 Tasse plus ½ Esslöffel Streuzucker

- 2 mittlere Eier

- 3½ oz. Walnüsse, gehackt

- 2 Tassen Bananen, geschält und püriert

Wegbeschreibung:

1. Mischen Sie in einer Schüssel das Mehl und das Natron zusammen.

2. Geben Sie in einer anderen Schüssel die Butter und den Zucker hinzu und schlagen Sie sie blass und schaumig.

3. Fügen Sie die Eier, eines nach dem anderen, zusammen mit etwas Mehl hinzu und mischen Sie gut.

4. Das restliche Mehl und die Walnüsse unterrühren.

5. Fügen Sie die Bananen hinzu und mischen Sie sie, bis sie gut kombiniert sind.

6. Fetten Sie eine Brotbackform ein.

7. Geben Sie die Mischung in die vorbereitete Form.

8. Drücken Sie die "Power-Taste" des Air Fry-Ofens und drehen Sie das Rad, um den Modus "Air Crisp" auszuwählen.

9. Drücken Sie die Taste Time und drehen Sie erneut das Rad, um die Garzeit auf 10 Minuten einzustellen

10. Drücken Sie nun die Temp-Taste und drehen Sie das Rad, um die Temperatur auf 355 Grad F einzustellen.

11. Drücken Sie zum Starten die Taste "Start/Pause".

12. Wenn das Gerät mit einem Piepton anzeigt, dass es vorgeheizt ist, öffnen Sie den Deckel.

13. Legen Sie die Pfanne in den "Air Fry Basket" und schieben Sie sie in den Ofen.

14. Nach 10 Minuten Garzeit stellen Sie die Temperatur auf 338 Grad F für 15 Minuten ein

15. Stellen Sie die Pfanne zum Abkühlen für etwa 10 Minuten auf ein Gitterrost

16. Stürzen Sie das Brot vorsichtig auf ein Drahtgitter, um es vor dem Schneiden vollständig abzukühlen.

17. Schneiden Sie das Brot in beliebig große Scheiben und servieren Sie es.

Ernährung: Kalorien 270 Fett 12,8 g Kohlenhydrate 35,5 g Eiweiß 5,8 g

47. Banane & Rosinenbrot

Zubereitungszeit: 15 Minuten

Kochzeit: 40 Minuten

Portionen: 6

Zutaten:

- 1½ Tassen Kuchenmehl
- 1 Teelöffel Backpulver
- ½ Teelöffel gemahlener Zimt
- Salz, nach Geschmack
- ½ Tasse Pflanzenöl
- 2 Eier
- ½ Tasse Zucker
- ½ Teelöffel Vanilleextrakt
- 3 mittelgroße Bananen, geschält und püriert
- ½ Tasse Rosinen, fein gehackt

Wegbeschreibung:

1. Mischen Sie in einer großen Schüssel das Mehl, das Backpulver, den Zimt und das Salz.

2. In einer anderen Schüssel Eier und Öl gut verquirlen.

3. Fügen Sie den Zucker, den Vanilleextrakt und die Bananen hinzu und schlagen Sie, bis alles gut vermischt ist.

4. Fügen Sie die Mehlmischung hinzu und rühren Sie, bis sie sich gerade verbunden hat.

5. Geben Sie die Masse in eine leicht gefettete Backform und bestreuen Sie sie mit Rosinen.

6. Decken Sie die Pfanne mit einem Stück Folie locker ab.

7. Drücken Sie die "Power-Taste" des Air Fry Oven und drehen Sie das Rad, um den Modus "Air Bake" auszuwählen.

8. Drücken Sie die Taste Time und drehen Sie erneut das Rad, um die Garzeit auf 30 Minuten einzustellen

9. Drücken Sie nun die Temp-Taste und drehen Sie das Rad, um die Temperatur auf 300 Grad F einzustellen.

10. Drücken Sie zum Starten die Taste "Start/Pause".

11. Wenn das Gerät mit einem Piepton anzeigt, dass es vorgeheizt ist, öffnen Sie den Deckel.

12. Legen Sie die Pfanne in den "Air Fry Basket" und schieben Sie sie in den Ofen.

13. Nach 30 Minuten Garzeit stellen Sie die Temperatur für 10 Minuten auf 285 Grad F ein

14. Stellen Sie die Pfanne zum Abkühlen für etwa 10 Minuten auf ein Gitterrost

15. Stürzen Sie das Brot vorsichtig auf ein Drahtgitter, um es vor dem Schneiden vollständig abzukühlen.

16. Schneiden Sie das Brot in beliebig große Scheiben und servieren Sie es.

Ernährung: Kalorien 448 Fett 20,2 g Kohlenhydrate 63,9 g Eiweiß 6,1 g

48. 3-Zutaten-Bananenbrot

Zubereitungszeit: 10 Minuten

Kochzeit: 20 Minuten

Portionen: 6

Zutaten:

- (6,4 oz.) Bananen-Muffin-Mischung
- 1 Tasse Wasser
- 1 reife Banane, geschält und püriert

Wegbeschreibung:

1. Geben Sie alle Zutaten in eine Schüssel und mischen Sie sie mit einem Schneebesen, bis sie sich gut verbinden.

2. Geben Sie die Mischung in eine leicht gefettete Brotbackform.

3. Drücken Sie die "Power-Taste" des Air Fry Oven und drehen Sie das Rad, um den Modus "Air Bake" auszuwählen.

4. Drücken Sie die Taste Time und drehen Sie erneut das Rad, um die Garzeit auf 20 Minuten einzustellen

5. Drücken Sie nun die Temp-Taste und drehen Sie das Rad, um die Temperatur auf 360 Grad F einzustellen.

6. Drücken Sie zum Starten die Taste "Start/Pause".

7. Wenn das Gerät mit einem Piepton anzeigt, dass es vorgeheizt ist, öffnen Sie den Deckel.

8. Legen Sie die Pfanne in den "Air Fry Basket" und schieben Sie sie in den Ofen.

9. Stellen Sie die Pfanne zum Abkühlen für etwa 10 Minuten auf ein Gitterrost

10. Stürzen Sie das Brot vorsichtig auf ein Drahtgitter, um es vor dem Schneiden vollständig abzukühlen.

11. Schneiden Sie das Brot in beliebig große Scheiben und servieren Sie es.

Ernährung: Kalorien 144 Fett 3,8 g Kohlenhydrate 25,5 g Eiweiß 1,9 g

49. Joghurt-Bananenbrot

Zubereitungszeit: 15 Minuten

Zubereitungszeit: 28 Minuten

Portionen: 5

Zutaten:

- 1 mittelgroße, sehr reife Banane, geschält und püriert
- 1 großes Ei
- 1 Esslöffel Rapsöl
- 1 Esslöffel normaler griechischer Joghurt
- ¼ Teelöffel reiner Vanilleextrakt
- ½ Tasse Allzweckmehl
- ¼ Tasse granulierter weißer Zucker
- ¼ Teelöffel gemahlener Zimt
- ¼ Teelöffel Backpulver
- 1/8 Teelöffel Meersalz

Wegbeschreibung:

1. Geben Sie die zerdrückte Banane, das Ei, das Öl, den Joghurt und die Vanille in eine Schüssel und schlagen Sie sie, bis sie gut miteinander verbunden sind.

2. Fügen Sie das Mehl, den Zucker, das Backpulver, den Zimt und das Salz hinzu und mischen Sie es, bis es sich gerade verbunden hat.

3. Geben Sie die Mischung in eine leicht gefettete Mini-Brotbackform.

4. Drücken Sie die "Power-Taste" des Air Fry Oven und drehen Sie das Rad, um den Modus "Air Bake" auszuwählen.

5. Drücken Sie die Taste Time und drehen Sie erneut den Drehknopf, um die Garzeit auf 28 Minuten einzustellen

6. Drücken Sie nun die Temp-Taste und drehen Sie das Rad, um die Temperatur auf 350 Grad F einzustellen.

7. Drücken Sie zum Starten die Taste "Start/Pause".

8. Wenn das Gerät mit einem Piepton anzeigt, dass es vorgeheizt ist, öffnen Sie den Deckel.

9. Legen Sie die Pfanne in den "Air Fry Basket" und schieben Sie sie in den Ofen.

10. Stellen Sie die Pfanne zum Abkühlen für etwa 10 Minuten auf ein Gitterrost

11. Stürzen Sie das Brot vorsichtig auf ein Drahtgitter, um es vor dem Schneiden vollständig abzukühlen.

12. Schneiden Sie das Brot in beliebig große Scheiben und servieren Sie es.

Ernährung: Kalorien 145 Fett 4 g Kohlenhydrate 25 g Eiweiß 3 g

50. Sauerrahm-Bananenbrot

Zubereitungszeit: 15 Minuten

Kochzeit: 37 Minuten

Portionen: 8

Zutaten:

- ¾ Tasse Allzweckmehl
- ¼ Teelöffel Backpulver
- ¼ Teelöffel Salz
- 2 reife Bananen, geschält und püriert
- ½ Tasse Kristallzucker
- ¼ Tasse saure Sahne
- ¼ Tasse Pflanzenöl
- 1 großes Ei
- ½ Teelöffel reiner Vanilleextrakt

Wegbeschreibung:

1. Mischen Sie in einer großen Schüssel das Mehl, Backpulver und Salz zusammen.

2. Geben Sie in einer anderen Schüssel die Bananen, das Ei, den Zucker, die saure Sahne, das Öl und die Vanille hinzu und schlagen Sie, bis alles gut vermischt ist.

3. Fügen Sie die Mehlmischung hinzu und mischen Sie sie, bis sie sich gerade verbunden hat.

4. Geben Sie die Mischung in eine leicht gefettete Pfanne. Drücken Sie die "Power-Taste" des Air Fry-Ofens und drehen Sie das Rad, um den Modus "Air Crisp" auszuwählen.

5. Drücken Sie die Taste Time und drehen Sie erneut den Drehknopf, um die Garzeit auf 37 Minuten einzustellen

6. Drücken Sie nun die Temp-Taste und drehen Sie das Rad, um die Temperatur auf 310 Grad F einzustellen.

7. Wenn das Gerät mit einem Piepton anzeigt, dass es vorgeheizt ist, öffnen Sie den Deckel. Legen Sie die Pfanne in den "Air Fry Basket" und schieben Sie sie in den Ofen.

8. Stellen Sie die Pfanne zum Abkühlen für etwa 10 Minuten auf ein Gitterrost

9. Stürzen Sie das Brot vorsichtig auf ein Drahtgitter, um es vor dem Schneiden vollständig abzukühlen.

10. Schneiden Sie das Brot in beliebig große Scheiben und servieren Sie es.

Ernährung: Kalorien 201 Fett 9,2g Kohlenhydrate 28,6g Eiweiß 2,6g

SCHLUSSFOLGERUNG

A ir Fritteuse ist ein intelligentes Gerät, das zum Garen von Speisen verschiedener Art verwendet werden kann. Es kann auch zum Garen der Speisen in einem Ofen verwendet werden, ganz ohne Öl oder Butter. Es verwendet einen Luftdruck, um das Essen zu garen und frittiert es in Ihrem Luftfritteusenofen. Damit können Sie gesündere Gerichte kochen, ohne die Belastung durch niedrige Temperaturen, die beim traditionellen Garen im Ofen erforderlich sind. Dies kann Zeit und Geld sparen, da Sie keinen herkömmlichen Ofen verwenden!

Mit der Verwendung einer Luftfritteuse können Sie Ihre gewünschten Speisen zubereiten, ohne irgendeine Art von Öl oder Fett verwenden zu müssen. Das Essen wird auf eine gesündere Art und Weise frittiert, ohne seinen Geschmack oder seine Textur zu verändern. Luftfritteusen gibt es in vielen verschiedenen Größen und verschiedenen Farben. Heutzutage bevorzugen viele Menschen die Verwendung von Heißluftfritteusen für die Zubereitung ihrer täglichen Mahlzeiten, weil sie billig und weniger unordentlich sind als die Verwendung traditioneller Kochmethoden.

Einer der Hauptvorteile der Verwendung einer Luftfritteuse ist, dass Sie nicht verschiedene Zutaten kombinieren müssen, um eine Mahlzeit zuzubereiten. Alles, was Sie brauchen, ist ein Lebensmittel und etwas Öl zum Frittieren. Wenn Sie zum Beispiel ein Brathähnchen zubereiten möchten, brauchen Sie nur das Hähnchen und etwas Öl. Sie brauchen keine Gewürze oder etwas anderes zu kombinieren. Sie müssen nur das Hähnchen in den Korb der Heißluftfritteuse legen und sie in Ihrem Küchenbereich aufstellen.

Mit der Timer-Funktion können Sie steuern, wie viel Zeit Ihre Speisen in der Heißluftfritteuse verbringen. Diese Funktion stellt sicher, dass Ihre Speisen genau zu dem Zeitpunkt fertig sind, zu dem Sie sie servieren möchten.

Sie brauchen sich keine Sorgen zu machen, dass Ihre Speisen überkochen, denn Sie haben die volle Kontrolle darüber, wie lange sie mit diesem Gerät gegart werden.

CPSIA information can be obtained
at www.ICGtesting.com
Printed in the USA
BVHW090010080621
608941BV00004B/1126